Kreative
KÜRBIS-KÜCHE

(Foto: Miguel Dieterich)

Kreative KÜRBIS-KÜCHE

Eva Maria Lipp | Eva Schiefer

Vielseitig | Gesund | Geschätzt

av BUCH

(Foto: Miguel Dieterich)

VORWORT

Eine bunte Vielfalt tut sich auf, wenn man sich mit dem Thema Kürbis beschäftigt – sowohl an verschiedenen Früchten als auch an möglichen Gerichten. Es macht so richtig Spaß, dazu selbst Rezepte zu kreieren. Kürbis ist ein Produkt für die Küche, das sehr günstig zu erwerben ist und mit dem man rasch sehr gute Speisen zubereiten kann.

ABWECHSLUNG AUF DEM TELLER

Kürbis ist ein total trendiges Produkt in den Küchen der Familien und auch in der Gastronomie. Aber es gibt viel mehr als nur eine Kürbiscremesuppe, die inzwischen insbesondere in der Gastronomie ganzjährig angeboten wird. Es ist Zeit, sich endlich wieder auf den Weg zu mehr Abwechslung auf dem Speiseplan zu begeben. Die Globalisierung des Geschmacks nimmt laufend zu. Auch unabhängig der Jahreszeiten sind fast immer alle Nahrungsmittel erhältlich. Der Kürbis und seine Vielfalt können zu einer Abwechslung über das Jahr hinweg beitragen. Kürbis mag man auch deshalb sehr gern, weil der Geschmack nicht extrem intensiv ist. Er ist dazu kalorienarm und nährstoffreich und eine willkommene Ergänzung für ernährungsbewusste Menschen.

EINFACH KÖSTLICH

Mit diesem Buch treten wir den Beweis an, dass Kürbis mehr als geschätzt werden muss. Die von uns kreierten Speisen sollen jeden Kürbisliebhaber aber auch jeden Skeptiker überzeugen. Kürbis ist mit so vielen verschiedenen Lebensmitteln zu verbinden. Süße Kürbisgerichte sind dazu noch vielfach unbekannt. Schon alleine die Gliederung der Rezepte sollte dazu anregen, auch eigene Kombinationen zu erfinden beziehungsweise auszuprobieren. Mit den Tipps zu jedem Rezept geben wir Ihnen gedanklich noch viele weitere Anregungen mit auf den Weg.

FARBE IM ESSEN

Buntes Essen macht Lust und Appetit auf mehr. Farbe im Essen tut uns einfach gut! Man isst mit einem ganz anderen Gefühl, wenn das Essen farblich ansprechend ist, und dieses Gefühl trägt auch dazu bei, dass wir uns wohlfühlen. Wohlfühlen heißt Genießen. Unser Leben ist es wert, dass wir auf den Genuss nicht verzichten. Besonders nicht beim Essen!

Wer ganz genießt, der lebt wirklich!

Viel Freude mit diesem Buch, und unser Rat ist: Lassen Sie sich auf den Kürbis, seine Vielfalt und seine Farben ein, und genießen Sie es, daraus hübsche, bunte und schmackhafte Gerichte zu zaubern!

Herzlichst

Ing. Eva Maria Lipp | Ing. Eva Schiefer

(Foto: Miguel Dieterich)

(Foto: Miguel Dieterich)

KLEINE KÜRBIS-KUNDE

KÜRBIS IST SALONFÄHIG

Vor nicht allzu langer Zeit galt der Kürbis noch als Gemüse der armen Leute. Heute kommt er nicht nur in den Familienküchen, sondern sehr oft auch in der exklusiven Gastronomie auf den Teller.

Die Vielfalt der Rezepte folgt dem Trend der Aufwertung von Gemüsespeisen in unserer Gesellschaft. Die Zeit nach dem Krieg machte den Kürbis in weiten Bevölkerungskreisen als günstiges und gesundes Lebensmittel bekannt. Schon damals wurde er zum Strecken von Fruchtaufstrichen in der Marmeladenindustrie verwendet. Das Kürbiskompott stammt auch aus dieser Zeit.

Inzwischen hat der Kürbis einen weitaus besseren Ruf und ist das ganze Jahr über erhältlich und gut haltbar. Neben der Kartoffel gilt er als wichtigster Nährstofflieferanten in der Frischgemüsearmen Zeit. Auch in der Diätküche wird Kürbis immer gerne verwendet.

KÜRBIS UND ERNÄHRUNG

- KÜRBIS IST EINE NÄHRSTOFFREICHE FRUCHT:
  - HOHER KALIUMGEHALT
  - VITAMINE A, B, C, E
  - KALZIUM, MAGNESIUM, FOLSÄURE, EISEN
  - ANTIOXIDANTIEN, CAROTINOIDE
- KÜRBIS IST WASSERREICH UND ENTHÄLT KAUM KOHLEHYDRATE. ER IST SOMIT EIN KALORIENARMES GEMÜSE UND GUT FÜR REDUKTIONSKOST GEEIGNET.
- KÜRBIS IST SEHR GUT BEKÖMMLICH, AUSSER ER WIRD MIT ANDEREN BELASTENDEN ZUTATEN KOMBINIERT.
- DER HOHE KALIUMGEHALT IM KÜRBIS WIRKT ENTWÄSSERND UND HARNTREIBEND.
- KÜRBIS IST SEHR NATRIUMARM. EIN WEITERER ASPEKT, KÜRBIS ZU ESSEN, DA WIR INSGESAMT ZU VIEL NATRIUM ZU UNS NEHMEN.
- DAS ORANGEFARBENE FRUCHTFLEISCH ENTHÄLT VIELE CAROTINOIDE, EINE VORSTUFE VON VITAMIN A.

KÜRBIS IM GARTEN

Kürbis kann sehr leicht selbst gezogen werden. Entweder ziehen Sie die Kerne in einem Blumentopf in Erde an einem warmen hellen Ort vor, oder aber Sie legen sie direkt in einen humusreichen Boden. Wichtig ist, dass die Erde ein gutes Feuchthaltevermögen hat. Vorgezogene Kürbispflanzen werden dann ausgesetzt, wenn sie neben den Keimblättern auch schon mindestens zwei richtige Blätter haben. Das Aussetzen erfolgt nach dem 15. Mai, also nach den Eisheiligen.

Kürbispflanzen brauchen sehr viel Platz. Daher ist bei rankenden Sorten ein Abstand von gut 1,5 Metern zu empfehlen. Buschförmige Sorten bedürfen eines Abstands von einem Meter. Nur so können große Früchte heranreifen und die Gefahren von möglichen Pilzerkrankungen auf ein Minimum reduziert werden. Die Flächen zwischen den Kürbispflanzen können mit Grasschnitt gemulcht oder mit Stroh abgedeckt werden. Später bedecken die Kürbisblätter die Fläche, damit die Feuchtigkeit besser im Boden gehalten wird. Wenn der Kürbis erst einmal wächst, können Sie mit einer reichen Ernte rechnen. Die Mühe lohnt sich, denn Gemüse aus dem eigenen Garten schmeckt am besten.

KÜRBISSORTEN UND IHRE VERWENDUNG IN DER KÜCHE

Kürbis weist nur ganz leichten Eigengeschmack auf und lässt sich daher sehr gut mit anderen Lebensmitteln kombinieren. Der Geschmack und die Textur können als neutral, meist feinfaserig, leicht süßlich und sogar etwas nussig bezeichnet werden. Die einfachste Form der Zubereitung ist uns als Kürbissuppe bekannt. Kürbis kann aber von der Vorspeise bis zum Dessert, vom Brot bis zu köstlichen Getränken verwendet werden.

Er harmoniert besonders gut mit den Gewürzen Curry, Curcuma, Ingwer, Kardamom und den Gewürzkräutern Majoran, Thymian, Dill, Oregano, Basilikum, Salbei, Bohnenkraut sowie frischem Koriander. Für süße Gerichte passen sehr gut Vanillezucker, Zimt, Nelkenpulver, Sternanis und Säfte der Zitrusfrüchte.

DIE BELIEBTESTEN KÜRBISSORTEN

MUSKATKÜRBIS – CUCURBITA MOSCHATA

„Musquée de Provence" – dieser Kürbis ist der bekannteste, sehr lange haltbar und das ganze Jahr über im Handel erhältlich.

Aussehen:
platt-rund, tief gerippt, 3 bis 8 kg schwer

Schalenfarbe:
grün, braun bis orange, Wachsschicht

Fruchtfleisch:
gelborange, karotinhaltig, einer der schmackhaftesten Speisekürbisse

Verwendung:
Durch sein leicht süßliches, muskatähnliches Aroma ist er vorzüglich für Rohkost, Pürees, Sahnesoßen, Eingemachtes, Kürbisbowle und Suppen geeignet.

BUTTERNUT

Aussehen:
hantelförmig, circa 1 kg schwer, lange haltbar
Schalenfarbe:
beige
Fruchtfleisch:
intensiv gelb, fest homogen, besonders kleine Samenhöhle, viel Fruchtfleisch
Verwendung:
Durch den nussig süßlichen Geschmack sehr beliebt und vielseitig verwendbar – als Rohkost, für Suppen, Soßen, zum Backen, Grillen et cetera.

PIENA DI NAPOLI

Aussehen:
glockenfärmig, bis 60 cm lang,
10 bis 20 kg schwer
Schalenfarbe:
grün-orange marmoriert
Fruchtfleisch:
sattorange, kleine Samenhöhle,
viel Fruchtfleisch
Verwendung:
Durch seinen fruchtig süßen Geschmack für Suppen, Soßen, Gratins, Salate verwendbar, aber auch zum Backen und Grillen, sehr ergiebig und deshalb für Großverbraucher geeignet.

RIESENKÜRBIS, ZENTNERKÜRBIS, ROTER ZENTNER – CUCURBITA MAXIMA

Aussehen:
flachrund, leicht gerippt, 5–10 kg schwer, circa 2 Monate lagerfähig
Schalenfarbe:
tieforangerot
Fruchtfleisch:
gelborange, saftig
Verwendung:
Aufgrund des neutralen Geschmacks vielseitig verwendbar für Suppen, Soßen, Pürees und zum Einlegen.

HOKKAIDO

Aussehen:
leicht zwiebelförmig, 1–1,5 kg schwer,
circa 6 Monate lagerfähig
Schalenfarbe:
kräftig orangerot
Fruchtfleisch:
orange, fest
Verwendung:
Durch den nussigen Geschmack sehr beliebt als Suppe, zum Füllen, als Gemüsebeilage oder Püree. Die Schale kann mitgegessen werden.

EICHELKÜRBIS

Aussehen:
eichelförmig spitz, gefurcht, 0,8–1 kg schwer,
circa 2 Monate haltbar
Schalenfarbe:
dunkelgrün, cremeweiß, gelb
Fruchtfleisch:
hellgelb, mehlig
Verwendung:
Durch seinen intensiv nussigen Geschmack zum Braten, Grillen und Füllen besonders gut geeignet, er muss nicht geschält werden.

SPAGHETTIKÜRBIS

Aussehen:
walzenförmig, oval-rund, circa 1,2 kg schwer,
circa 2 Monate haltbar

Schalenfarbe:
creme, gelb
Fruchtfleisch:
hellgelb, in Fasern zerfallend
Verwendung:
Kochen im Ganzen, Kürbis zerfällt in Spaghettinudeln, leicht nussiger Geschmack.

PATISSON
Aussehen:
einem Ufo ähnlich, 10 bis 25 cm groß,
0,5–1 kg schwer
Schalenfarbe:
weiß, gelb oder grün gemustert
Fruchtfleisch:
weiß, je kleiner, desto süßer; je größer, desto neutraler im Geschmack
Verwendung:
Roh für Salate, aber gekocht auch für viele andere Gerichte wie Suppen, Ragouts, Püree oder Desserts geeignet.

KÜRBIS ERNTEN UND LAGERN

Der Erntezeitpunkt ist dann richtig, wenn die Schale je nach Sorte kräftig eingefärbt und bereits verhärtet ist. Der Stiel soll verholzt und trocken und die Kürbisranken bereits eingetrocknet sein. So geerntete und unverletzte Kürbisse sind im Ganzen über Monate haltbar. Die geernteten Früchte dürfen nicht gewaschen werden und vor dem Einlagern ruhig noch einige Tage in der Sonne nachreifen. Als Lagertemperatur werden 16-18 °C empfohlen.
Angeschnittene Kürbisse können im Kühlschrank mehrere Tage problemlos gelagert werden. Die Schnittfläche einfach mit einer Frischhaltefolie abdecken. Sie können aber auch wunderbar in gewürfelter oder geraspelter Form eingefroren werden. Somit kann er wirklich das ganze Jahr auf unserem Speiseplan stehen!

(Foto: Miguel Dieterich)

(Foto: Miguel Dieterich)

KÜRBIS EINMAL ANDERS

VOM SALAT BIS ZUM SNACK

(Foto: Miguel Dieterich)

Mini-Kürbistarte

ZUTATEN

TEIG

300 g Weizenvollkornmehl oder Weizenmehl
100 g Butter
100 g Magerquark
Salz

FÜLLUNG

Kürbis nach Wahl
125 g Mozzarella
3 Knoblauchzehen
150 g Blattspinat, tiefgefroren oder 100 g Blattspinat, frisch
1 Ei
125 ml saure Sahne
Salz
Weißer Pfeffer

ZUBEREITUNG

Aus Butter, Quark, Weizenmehl und Salz einen glatten Teig kneten. Diesen 30 Minuten gekühlt und abgedeckt ruhen lassen.

Inzwischen den Kürbis schälen, entkernen und in 1 x 1 cm große Würfel schneiden. Mozzarella ebenso schneiden. Knoblauch schälen und fein hacken. Tiefgefrorenen Spinat auftauen oder frischen Blattspinat blanchieren (30 Sekunden in kochendes Wasser geben, dann herausnehmen und mit Eiswasser abspülen).

Kürbis, Spinat, Käse und Knoblauch mit Ei und saurer Sahne verrühren, mit Salz und weißem Pfeffer würzen.

Teig auf der Arbeitsfläche mit wenig Mehl circa 3 mm dick ausrollen und Scheiben mit circa 10 cm Durchmesser ausstechen. Diese in eingefettete Muffinförmchen legen. Die Füllung gleichmäßig auf die Förmchen verteilen. Bei 180 °C im vorgeheizten Backrohr circa 20 Minuten goldbraun backen. Leicht abkühlen lassen und noch warm servieren.

TIPP: Die Kürbisfüllung kann je nach Jahreszeit und Geschmack abgewandelt werden. Hartkäse macht die Törtchen noch würziger.

Kürbis-Ofengemüse mit Balsamico

ZUTATEN

600 g Kürbis (Muskat, Hokkaido oder Ungarischer Bratkürbis)
40 ml Olivenöl
Schwarzer Pfeffer
Kräutersalz
Rosmarin, frisch oder getrocknet
30 g Parmesan
2 EL Balsamico

ZUBEREITUNG

Kürbis, wenn nötig, schälen und entkernen. Kürbisfleisch in circa 2 cm dicke Spalten schneiden. Backblech mit einem Teil des Olivenöls bestreichen und Kürbisspalten darauflegen. Mit Kräutersalz, Pfeffer und Rosmarin würzen. Danach mit Parmesan bestreuen. Im vorgeheizten Backrohr bei 180 °C circa 15 Minuten braten.

Kürbis aus dem Backrohr nehmen und abkühlen lassen. Mit Balsamico überziehen und lauwarm mit Stangenweißbrot servieren.

TIPP: MIT DEN KÜRBISSPALTEN EIN PAAR ÄPFEL- ODER BIRNENSPALTEN BRATEN UND DANN MIT ROHSCHINKEN SERVIEREN.

(Foto: Miguel Dieterich)

(Foto: Miguel Dieterich)

Kürbisterrine im Gittermantel

ZUTATEN

400 g Kürbis nach Wahl
2 große Karotten
2 kleine Zucchini
7 Blätter Gelatine
1 EL Gemüsefond
125 g Magerquark
Salz
Weißer Pfeffer
Zitronensaft
1/8 l Sahne

TIPP: DAS GITTER KANN AUCH MIT VERSCHIEDENFARBIGEN KÜRBISSTREIFEN GEFLOCHTEN WERDEN. WENN SIE HONIG ZU DER QUARKMASSE GEBEN, IST AUCH EINE SÜSSE VARIANTE DENKBAR.

ZUBEREITUNG

Kürbis, wenn nötig, schälen und entkernen. In Stücke schneiden und in wenig Wasser dämpfen. Karotten dämpfen und abkühlen lassen. Die Karotten schälen und ebenso wie die Zucchini mit einer Schneidemaschine längs in 1–2 mm dicke Streifen schneiden. Die Gemüsestücke, die übrig bleiben, klein schneiden.

Für das Gitter Frischhaltefolie auslegen. Die Zucchinistreifen der Länge nach nebeneinander legen. Mit den Karottenstreifen ein Gitter flechten. 2 Blätter Gelatine nach dem Einweichen in etwas Gemüsefond auflösen und das Gitter damit bestreichen. Erstarren lassen und nochmals mit Frischhaltefolie belegen (damit die durchscheinende Geleeschicht schlussendlich außen ist) und umdrehen. Erste Frischhaltefolie abziehen. Gitter mit der Folie in die Terrinenform legen.

Die Kürbiswürfel pürieren. Für die Terrinenmasse den Quark mit Kürbispüree, Gewürzen und Kräutern gut verrühren und würzig abschmecken. Die restlichen 5 Gelatineblätter in kaltem Wasser einweichen. In Zitronensaft auflösen und mit einem Teil der Quarkmasse glatt rühren. Restliche Masse und Gemüse unterheben. Sahne steif aufschlagen und unter die Gemüse-Quark-Masse heben. In die vorbereitete, mit dem Gitter ausgelegte Form füllen. Mit der Folie verschließen und kalt stellen. Nach dem Erstarren stürzen, in Stücke schneiden und servieren.

Kürbis-Frischkäse-Aufstrich mit Bärlauch

ZUTATEN

500 g Kürbis nach Wahl
Kräutersalz
3 Knoblauchzehen
20 g Bärlauch
150 g Frischkäse Natur
Schwarzer Pfeffer

ZUBEREITUNG

Kürbis schälen und entkernen. In wenig Wasser mit Kräutersalz dämpfen. Die Knoblauchzehen schälen und sehr fein schneiden. Ebenso wird der Bärlauch vorbereitet.

Den gedämpften, ausgekühlten Kürbis mit dem Pürierstab passieren. Frischkäse dazugeben, alle Zutaten gut vermengen und würzig abschmecken.

TIPP: DIE GRUNDMASSE AUS KÜRBISPÜREE UND FRISCHKÄSE KÖNNTE FÜR VIELE VERSCHIEDENE AUFSTRICHE VERWENDET WERDEN. AN KRÄUTERN HAT JEDE JAHRESZEIT EINIGES ANZUBIETEN. ABER AUCH ANDERES GEMÜSE ODER FRUCHTSTÜCKE KÖNNEN NEUE KREATIONEN LIEFERN.

(Foto: Miguel Dieterich)

(Foto: Miguel Dieterich)

Duett vom Kürbispüree

ZUTATEN

500 g Butternut
500 g Patisson
125 ml Sahne
80 g Butter
Salz
Weißer Pfeffer
Koriander, gemahlen

ZUBEREITUNG

Die Kürbisse schälen und entkernen. Beide Kürbisse in 2 x 2 cm große Würfel schneiden und getrennt in wenig Wasser sehr weich dämpfen. Restliches Wasser bei beiden Töpfen abgießen.

Butter und Sahne teilen und jeweils hälftig zu den Kürbiswürfeln geben. Mit Salz und weißem Pfeffer würzen. Zum Butternut zusätzlich Koriander zufügen.

Mit einem Handmixer beide Kürbiswürfel cremig aufschlagen. Beide sollten dieselbe Konsistenz haben. Pürees gut abschmecken und kreativ anrichten.

TIPP: AUCH ANDERE KÜRBISSORTEN KÖNNEN SEHR GUT VERWENDET WERDEN. ES SOLLTE NUR EIN KRÄFTIGER FARBUNTERSCHIED IM KÜRBISFLEISCH ERKENNBAR SEIN.

Kürbis-Kartoffel-Püree mit Parmesan

ZUTATEN

500 g Kürbis (Piena di Napoli, Butternut, Muskat)
500 g Kartoffeln, mehlig kochend
Salz
125 ml Sahne
80 g Butter
125 ml Milch
20 g Parmesan
Petersilie

ZUBEREITUNG

Kürbis schälen, entkernen und in 2 x 2 cm große Würfel schneiden. In wenig Wasser mit Salz sehr weich dämpfen. Kartoffeln schälen, achteln und in wenig Salzwasser weich dämpfen. Restliches Wasser vor dem Pürieren abgießen.

Die Kürbiswürfel mit der Sahne und der Hälfte der Butter cremig schlagen. Die Kartoffelwürfel mit heißer Milch und der restlichen Butter pürieren. Beide Pürees abschmecken und anrichten, indem sie ganz leicht verrührt werden, sodass eine Marmorierung entsteht. Parmesan grob darüberraspeln, mit Petersilie dekorieren und servieren.

TIPP: EINE SEHR GUTE BEILAGE ZU FLEISCHGERICHTEN MIT SAFT ODER SOSSE.

(Foto: Miguel Dieterich)

(Foto: Miguel Dieterich)

Kürbissalat mit Walnüssen

ZUTATEN

600 g Kürbis gemischt (Patisson, Muskat, Piena di Napoli)
100 g Walnüsse
10 g Kerbel
3 EL Weißweinessig
2 EL Walnussöl
20 g Honig
Kräutersalz

ZUBEREITUNG

Kürbis schälen, entkernen und grob raspeln. Die Walnüsse grob hacken. Kerbel fein schneiden. Für die Marinade Weißweinessig, Walnussöl, Honig und Kräutersalz gut verrühren.

Kürbisraspel und Walnüsse vermengen, die Marinade darübergießen und kurz durchmengen. Auf Tellern anrichten und mit Kerbel und ganzen Walnüssen dekoriert servieren.

Kürbis-Apfel-Salat

ZUTATEN

2 Äpfel (circa 300 g)
Saft einer halben Zitrone
300 g Kürbis (Muskat, Piena di Napoli)
100 ml Sahne
10 g brauner Zucker
Schwarzer Pfeffer
Salz

TIPP: ANSTELLE VON ÄPFELN KÖNNEN AUCH BIRNEN UND ANSTELLE VON SAHNE AUCH SAURE SAHNE VERWENDET WERDEN.

ZUBEREITUNG

Äpfel halbieren und entkernen. Mit oder ohne Schale grob raspeln. Mit dem Saft einer halben Zitrone übergießen und vermengen.

Den Kürbis schälen, entkernen und grob raspeln. Sahne mit braunem Zucker, Salz und Pfeffer aus der Mühle glatt rühren. Äpfel- und Kürbisraspel vermengen und mit der Marinade übergießen. Salat würzig abschmecken und auf einem netten Teller anrichten. Dazu getoastete Brotchips servieren.

Kürbisrosetten mit Räucherlachsforelle

ZUTATEN

500 g Patisson
Salz
Weißer Pfeffer
5 Blätter Gelatine
Saft einer halben Zitrone
250 ml Sahne
150 g Räucherlachsforelle

ZUBEREITUNG

Kürbis schälen und entkernen. Kürbisfleisch in 2 x 2 cm große Würfel schneiden. In wenig Wasser oder im Dampfgarer circa 8 Minuten gut weich dämpfen.

Gelatineblätter in kaltem Wasser einweichen. Kürbis mit dem Pürierstab fein pürieren. Mit Salz und Pfeffer würzen. Gelatine im Zitronensaft erhitzen und auflösen. Die aufgelöste Gelatine in das noch warme Kürbispüree rühren. Die Kürbismasse gut abkühlen lassen. Sahne steif aufschlagen und unterheben. Danach im Kühlschrank erstarren lassen.

Räucherlachsforelle zerteilen und in kleinen Schüsseln oder kleinen Tellern arrangieren. Fertige Kürbismasse in einen Dressiersack mit glatter Tülle füllen und auf die Räucherlachsscheiben dressieren. Mit frischem Kerbel oder auch anderen frischen Kräutern wie Dill, Petersilie oder Estragon bestreut servieren.

TIPP: NATÜRLICH KÖNNEN AUCH ANDERE KÜRBISSORTEN VERWENDET WERDEN. BEI DER FISCHAUSWAHL IST FÜR EIN HÜBSCHES GERICHT AUF EINEN FARBKONTRAST ZUR KÜRBISMASSE ZU ACHTEN.

(Foto: Miguel Dieterich)

(Foto: Miguel Dieterich)

Kürbisgemüse – Ruck, zuck!

ZUTATEN

500 g Muskat
500 g Butternut
4 EL Maiskeimöl
50 g Schalotten
1 Knoblauchzehe
250 g Tomaten, geschält und gewürfelt
1 TL Tomatenmark
Salz
Schwarzer Pfeffer
Dill

ZUBEREITUNG

Kürbisse schälen und entkernen. Die Kürbisstücke in circa 2 x 2 cm große Würfel schneiden. Das Maiskeimöl in einer großen Pfanne erhitzen. Erst die Schalotten fein hacken und kurz anschwitzen, dann Kürbis dazugeben und unter gelegentlichem Umrühren circa 10 Minuten dünsten.

Den Knoblauch fein hacken und zusammen mit Tomatenstücken, Tomatenmark, Salz und Pfeffer unterrühren. Alles zugedeckt weitere 5 Minuten dünsten lassen. Das Gemüse in eine angewärmte Schüssel füllen, mit Dill bestreuen und sofort servieren.

TIPP: DAZU PASSEN SÄMTLICHE KURZ GEBRATENEN FLEISCHGERICHTE.

Kürbis-Zucchini-Rohkost

ZUTATEN

Mandelblättchen
600 g Kürbis (Piena di Napoli, Butternut, Muskat)
400 g junge Zucchini
100 g rote Zwiebeln
50 ml Himbeeressig
4 cl Leinöl
Salz
Schwarzer Pfeffer

ZUBEREITUNG

Mandelblättchen in einer Pfanne leicht hellbraun rösten. Kürbis schälen und entkernen. Mit einem Reibeisen oder einer entsprechenden Küchenmaschine fein raspeln. Zucchini waschen, mit Küchenkrepp abtrocknen, die Enden abschneiden und ebenso fein raspeln. Rote Zwiebeln schälen und fein würfeln.

Aus Essig, Öl sowie Salz und Pfeffer eine würzige Marinade rühren und die vermengten Kürbis-Zucchini-Raspel damit marinieren. Auf einem hübschen Teller anrichten und mit den gerösteten Mandelblättchen bestreut servieren. Dazu wird ein Stück Kürbis-Käse-Brot (siehe Rezept S. 87) oder ein anderes aromatisches Weißbrot serviert.

TIPP: MIT DER VERWENDUNG UNTERSCHIEDLICHSTER REGIONALER ÖLE UND ESSIGE WIRD DIESE ROHKOST IMMER WIEDER ZU EINEM NEUEN GESCHMACKSERLEBNIS.

(Foto: Miguel Dieterich)

(Foto: Miguel Dieterich)

Kürbis mit Orangenöl auf Rucola

ZUTATEN

1,5 kg Hokkaido
1 Orange, unbehandelt
½ Bund Thymian
100 ml Olivenöl
Salz
Schwarzer Pfeffer
60 g Rucola
100 g Frischkäse

ZUBEREITUNG

Den Kürbis waschen, halbieren und entkernen. Das Fruchtfleisch in circa 1 cm dicke Spalten schneiden. Orange waschen, trocken reiben und Schale fein abreiben. Thymianblättchen abzupfen, hacken und mit Olivenöl, Orangenschale, Salz und Pfeffer zu Orangenöl verrühren. Kürbisspalten von beiden Seiten mit ¾ des Orangenöls bepinseln, in einem ungelochten Garbehälter verteilen und im Dampfgarer bei 100 °C 12–15 Minuten garen.

Inzwischen Rucola putzen, auseinanderzupfen und auf 4 Teller verteilen. Kürbis daraufgeben, mit dem übrigen Orangenöl beträufeln, Frischkäse mit kleinen Löffeln auf dem Kürbissalat verteilen und servieren.

TIPP: HOKKAIDO IST EINE KLEINE KÜRBISSORTE, DESSEN DÜNNE SCHALE, ANDERS ALS BEI DEN MEISTEN KÜRBISSORTEN, MITGEGESSEN WERDEN KANN.

Schafskäse-Kürbis-Spangen

ZUTATEN

1 Pck. Blätterteig
1 Ei
400 g Kürbis (Piena di Napoli, Butternut)
200 g Schafskäse
3 EL frische Kräuter (z.B. Petersilie, Schnittlauch, Thymian, Majoran)
Salz
Schwarzer Pfeffer

ZUBEREITUNG

Blätterteig in 8 x 12 cm große Quadrate schneiden und die Ränder mit Ei bestreichen. Kürbis schälen, entkernen und in feine Streifen schneiden oder fein raspeln. Schafkäse zerbröseln oder fein schneiden und mit den fein gehackten Kräutern und Kürbisstreifen vermengen. Mit Salz und Pfeffer gut würzen.

Die Käse-Kürbis-Masse jeweils auf einer Hälfte des Teigstücks verteilen. In die unbelegte Teighälfte quer Schlitze einschneiden und sie dann über die Füllung legen. Ränder mit einer Gabel zusammendrücken. Vor dem Backen mit Ei bestreichen. Die gefüllten Spangen im Backrohr bei 200 °C circa 20–25 Minuten backen. Mit herbstlichen Blattsalaten servieren.

TIPP: FÜR VERSCHIEDENE GESCHMACKS-ERLEBNISSE EINFACH KÜRBIS- UND KÄSESORTEN VARIIEREN. EBENSO KANN EINES DER KRÄUTER NACH WUNSCH GESCHMACKLICH VORHERRSCHEND SEIN.

(Foto: Miguel Dieterich)

(Foto: Miguel Dieterich)

KÜRBIS FLÜSSIG

VON DER SUPPE BIS ZUM SMOOTHIE

(Foto: Miguel Dieterich)

Kürbissuppe Tricolore

ZUTATEN

ORANGE KÜRBISSUPPE

500 g Hokkaido
60 g Zwiebel
20 g Butter
500 ml klare Gemüsebrühe
Salz
Weißer Pfeffer
Muskatnuss
50 g saure Sahne

WEISSE KÜRBISSUPPE

500 g Patisson oder Zucchini
60 g Zwiebel
2 Knoblauchzehen
20 g Butter
500 ml klare Gemüsebrühe
Salz
Weißer Pfeffer
50 g Sahne

GELBE KÜRBISSUPPE

500 g Spaghettikürbis
120 g Zwiebel
20 g Butter
500 ml klare Gemüsebrühe
Salz
Weißer Pfeffer
Curcuma
50 g saure Sahne

ZUBEREITUNG

Für alle drei Suppen gilt dieselbe Zubereitung.

Kürbis, wenn nötig, schälen, entkernen und in circa 2 x 2 cm große Würfel schneiden. Zwiebel und Knoblauch schälen und fein hacken. Butter zerlassen und Zwiebel und/oder Knoblauch darin andünsten. Kürbiswürfel dazugeben, würzen und mit klarer Gemüsebrühe aufgießen. Circa 15 Minuten kochen, dann pürieren und mit Sahne verfeinern. Die Suppen müssen die gleiche Konsistenz haben, damit alle drei Variationen gut erkennbar sind und nicht ineinanderfließen.

Zum Eingießen in den Teller mit der orangefarbenen Kürbissuppe beginnen. Danach die weiße in die Mitte der ersten Suppe eingießen. Schlussendlich die gelbe Kürbissuppe in die Mitte der weißen Suppe gießen. Mit Kräutern wie Petersilie, Schnittlauch oder rotem Basilikum fein bestreuen. In die Mitte der gelben Suppe feinste Zwiebelringe geben.

TIPP: DIE SUPPE AM BESTEN MIT EINEM GEFÄSS MIT AUSGUSSSCHNABEL EINGIESSEN. WILL MAN DIE DREI SUPPEN NEBENEINANDER SERVIEREN, SO MÜSSEN DIESE ZEITGLEICH EINGEGOSSEN WERDEN. DAZU IST EINE DRITTE HAND NOTWENDIG.

Weiße Kürbissuppe mit Würfeln der Roten Bete

ZUTATEN

500 g Patisson
750 ml Gemüsebrühe
Salz
Weißer Pfeffer
Gemahlener Kümmel
125 ml Sahne
100 g Rote Bete

ZUBEREITUNG

Kürbis schälen, entkernen und klein würfeln. Kürbiswürfel mit Gemüsebrühe in einem Topf weich dünsten. Anschließend mit dem Pürierstab fein pürieren und mit Salz, Pfeffer und ein wenig gemahlenem Kümmel abschmecken. Nochmals kurz aufkochen.

Vor dem Servieren die Sahne unter die Suppe rühren und mit einem Pürierstab gut aufschäumen. Rote Bete kochen und schälen. In kleine Würfel (circa 5 mm) schneiden und diese unmittelbar vor dem Servieren in die Suppe geben.

TIPP: MEERRETTICH HARMONIERT SEHR GUT MIT ROTER BETE UND KANN IN GERASPELTER FORM ZUR SUPPE GEGEBEN WERDEN.

(Foto: Miguel Dieterich)

(Foto: Miguel Dieterich)

Kürbissuppe mit Chili und Milchschaum

ZUTATEN

1 kg Kürbis (Muskat, Hokkaido, Piena di Napoli, Butternut)
200 g Zwiebeln
20 g Butter
1 l klare Gemüsebrühe
1 TL Balsamico
Salz
Weißer Pfeffer
1 Prise Koriander
Chiliflocken oder 1 kleine Chilischote
120 ml Milch für den Schaum
Kerbel
Chilifäden

ZUBEREITUNG

Den Kürbis, wenn nötig, schälen und entkernen. Kürbisfleisch in circa 2 x 2 cm große Würfel schneiden. Zwiebel schälen und fein hacken. Butter zerlassen und Zwiebel darin goldbraun anschwitzen. Kürbiswürfel dazugeben und kurz rösten. Danach mit Gemüsebrühe aufgießen. Mit Salz, Pfeffer, Koriander würzen. Chilischote oder Flocken dazugeben und circa 15 Minuten kochen lassen. Chilischote rausnehmen und die Suppe mit dem Pürierstab fein cremig pürieren. Balsamico beifügen und würzig abschmecken.

Die Milch erhitzen und mit dem Pürierstab oder einem Milchschäumer sehr gut aufschäumen. Suppe in ein Glas gießen und mit Milchschaum abschließen.
Mit Chilifäden und feinem Kerbel garniert servieren.

TIPP: WIRD DIE SUPPE IN EINEM TELLER ODER EINER SUPPENTASSE SERVIERT, KOMMT DER MILCHSCHAUM NUR AUF EINEN AUSGEWÄHLTEN TEIL DER SUPPE. KEINESFALLS SOLLTE DIE SUPPE ZUR GÄNZE BEDECKT SEIN.

Kürbis-Spinat-Suppe

ZUTATEN

500 g Hokkaido
120 g Zwiebel
40 g Butter
300 g Blattspinat, tiefgefroren,
oder 200 g Blattspinat, frisch
2 Knoblauchzehen
1 l klare Gemüsebrühe
Salz
Weißer Pfeffer

ZUBEREITUNG

Kürbis waschen und raspeln. Zwiebel schälen und fein schneiden. Die Hälfte der Butter in einem Topf erhitzen und Zwiebel darin goldgelb anrösten. Kürbisraspel dazugeben und mit Salz und Pfeffer würzen. Mit der Hälfte der Gemüsebrühe aufgießen und circa 10 Minuten leicht kochen.

Für die Spinatsuppe Knoblauch schälen und fein schneiden. Den Rest der Butter in einem kleinen Topf erhitzen und Knoblauch darin andünsten. Spinat dazugeben und mit Salz und Pfeffer würzen. Mit der restlichen Gemüsebrühe aufgießen und circa 10 Minuten leicht köcheln lassen.

Danach beide Suppen pürieren und würzig abschmecken. In kleine Suppenschälchen eingießen und mit einer Gabel oder einem Spieß leicht ineinanderziehen. Mit Kräutern bestreut servieren.

TIPP: DIE SPINATSUPPE LÄSST SICH IN DIESER FORM EBENSO GUT MIT JEDER ANDERSFARBIGEN KÜRBISSUPPE KOMBINIEREN.

(Foto: Miguel Dieterich)

(Foto: Miguel Dieterich)

Feine Kürbis-Kartoffel-Suppe

ZUTATEN

1 kg Kürbis nach Wahl
2 Knoblauchzehen
1 l Wasser
50 g Zwiebeln
150 g Kartoffeln, mehlig kochend
20 g Butter
Salz
Liebstöckel
150 g saure Sahne
Kräuter zur Dekoration

ZUBEREITUNG

Kürbis schälen, entkernen und in circa 2 x 2 cm große Stücke schneiden. Knoblauch schälen. 900 ml Wasser aufkochen, Kürbisstücke und Knoblauchzehen darin 10 Minuten weich kochen. Anschließend mit dem Kochwasser fein passieren.

Die Zwiebel schälen und fein schneiden. Kartoffeln schälen und fein raspeln. Butter in einem Kochtopf erhitzen. Zwiebeln beifügen und darin goldgelb anschwitzen. Passierte Kürbismasse, die geraspelten Kartoffeln mit Liebstöckel und Salz dazugeben. Aufkochen und dann 15 Minuten leicht köcheln lassen.

Saure Sahne in 100 ml Wasser verrühren und zur Suppe geben. Diese dann nicht mehr erhitzen, sondern nur bis zum Servieren warm halten. Die Suppe anrichten und mit kleinen Rosetten aus saurer Sahne und Kräutern dekorieren.

TIPP: ANSTELLE VON KNOBLAUCH KÖNNEN SIE AUCH MEERRETTICH VERWENDEN.

Kürbis-Tomaten-Cremesuppe

ZUTATEN

2 Knoblauchzehen
150 g Lauch
20 g Butter
1 kg Kürbis (Hokkaido, Muskat)
150 g Tomaten
½ TL Majoran, getrocknet oder
1 TL Majoran, frisch
2 Lorbeerblätter
1 l klare Rinderbrühe
Salz
Schwarzer Pfeffer
Saft einer halben Zitrone
40 g geröstete Brotwürfel als Einlage
20 g Kürbiskernöl zum Beträufeln

ZUBEREITUNG

Knoblauch schälen und fein hacken. Den Lauch putzen und in kleine Ringe schneiden. Butter in einem Topf erhitzen und beides darin hellbraun anschwitzen.

Kürbis schälen und entkernen. Die Tomaten kreuzweise einschneiden, in heißes Wasser legen und dann schälen und entkernen. Kürbis und Tomaten fein würfeln und zum angerösteten Knoblauch-Lauch-Gemisch geben. Majoran und Lorbeerblätter hinzufügen. Mit der Rinderbrühe aufgießen und das Gemüse darin circa 10 Minuten weich kochen. Lorbeerblätter entfernen und die Suppe mit dem Pürierstab fein pürieren. Mit Salz, Zitronensaft und Pfeffer abschmecken.

Die Brotwürfel in einer Pfanne trocken anrösten. Die Suppe in tiefe Teller füllen, mit gerösteten Brotwürfeln belegen und mit Kürbiskernöl beträufeln.

TIPP: WERDEN DIE BROTWÜRFEL IN BUTTER GERÖSTET, HABEN SIE EINEN NOCH VOLLEREN GESCHMACK.

(Foto: Miguel Dieterich)

(Foto: Miguel Dieterich)

Buntes Kürbisgemüseragout mit Würstel

ZUTATEN

1 kg Kürbis nach Wahl
200 g Süßkartoffeln
200 g rote Zwiebeln
2 EL Rapsöl
Salz
Pfeffer aus der Mühle
125 ml Wasser
2 Paar Würstel nach Wahl (Wiener Würstchen, Debreziner o. Ä.)
2 EL Tomatenmark

ZUBEREITUNG

Kürbis schälen, entkernen und in circa 2 x 2 cm große Würfel schneiden. Süßkartoffeln und Zwiebeln ebenso vorbereiten. Rapsöl erhitzen und zuerst die Zwiebeln darin goldbraun anschwitzen. Kürbis- und Kartoffelwürfel dazugeben. Mit Salz und Pfeffer würzen und mit Wasser aufgießen. Aufkochen, dann 5 Minuten dünsten lassen.

Inzwischen die Würstchen in 2 cm große Stücke schneiden und mit dem Tomatenmark zum Ragout geben. Nochmals weiterdünsten, bis das Gemüse weich, aber noch gut bissfest ist. Ragout würzig abschmecken.

TIPP: WERDEN GERN KRÄUTER ZU DEN SPEISEN GEGEBEN, WIRD FÜR DIESES GERICHT THYMIAN, BOHNENKRAUT ODER MAJORAN EMPFOHLEN. AUCH LORBEER KANN MITGEDÜNSTET WERDEN.

Kartoffelpudding auf Kürbissoße

ZUTATEN

KARTOFFELPUDDING

500 g Kartoffeln, mehlig kochend
120 g Zwiebel
30 g Butter
200 g Bauchspeck, durchzogen
100 g würziger Hartkäse
2 Eier
80 g Weizengrieß
125 ml Milch
Salz
Weißer Pfeffer
Muskatnuss

KÜRBISSOSSE

500 g Muskat
120 g Zwiebel
30 g Butter
125 ml Wasser
1 EL Apfelessig
20 g Paprikapulver, edelsüß
Salz
Weißer Pfeffer
Schnittlauch zum Garnieren

TIPP: DIE KÜRBISSOSSE SCHMECKT AUCH SEHR GUT ZU GEKOCHTEM RINDFLEISCH MIT RÖSTKARTOFFELN.

ZUBEREITUNG

Kartoffeln schälen und in wenig Wasser weich dämpfen. Danach durch die Kartoffelpresse drücken oder mit einem Kartoffelstampfer fein zerstampfen. Zwiebel schälen und fein schneiden. Butter erhitzen, Zwiebel darin goldbraun anrösten und anschließend abkühlen lassen.

Speck ohne Schwarte in kleine Würfel schneiden. Den Käse grob raspeln. Eier mit Grieß und Milch gut verrühren. Danach alle anderen Zutaten beifügen und gut vermengen. Masse mit den Gewürzen aromatisch abschmecken und in kleine Dampfgarförmchen füllen. Diese im Dampfgarer oder auf einem mit Wasser befüllten Backblech im Backrohr je nach Größe 15 bis 20 Minuten garen.

Inzwischen die Kürbissoße zubereiten. Kürbis schälen, entkernen und fein raspeln. Zwiebel schälen und fein würfeln. Butter in einem kleinen Topf erhitzen und Zwiebel darin hellbraun anrösten. Kürbisraspel dazugeben, kurz mitrösten und dann mit Wasser aufgießen. Paprikapulver, Essig und Gewürze beifügen und unterrühren. Gut 15 Minuten leicht dünsten lassen.

Vor dem Servieren noch würzig abschmecken. Kartoffelpudding und Kürbissoße auf einem Teller anrichten und mit Schnittlauch garnieren.

(Foto: Miguel Dieterich)

(Foto: Miguel Dieterich)

Kürbis-Buttermilch-Espuma mit Basilikumschaum

ZUTATEN

400 g Kürbis (Butternut, Piena di Napoli, Muskat)
4 Blätter Gelatine
Saft einer halben Zitrone
½ l Buttermilch
Kräutersalz
10 g Basilikumblätter
100 ml Schlagsahne

TIPP: DIESES ESPUMA KÖNNTE AUCH GESÜSST ALS DESSERT MIT WALNUSSKROKANT ODER FRISCHEN BEEREN ZUBEREITET WERDEN. DAZU MÜSSTE DAS ESPUMA MIT 80 g HONIG ANGEREICHERT WERDEN.

ZUBEREITUNG

Kürbis schälen, entkernen und in kleine Stücke schneiden. In wenig Wasser circa 10 Minuten kochen. Danach mit dem Pürierstab fein pürieren und gut auskühlen lassen.

Gelatine in kaltem Wasser einweichen. Danach im Zitronensaft auflösen und mit Buttermilch und Kräutersalz gut verrühren. Abgekühltes Kürbispüree beifügen und nochmals mit einem Quirl gut durchrühren. In einen Sahne-Gourmet-Bereiter einfüllen. Dann das Gas von 2 Sahnekapseln einfüllen. Espuma gut durchschütteln und circa 4 Stunden im Kühlschrank kalt stellen. Dazwischen immer wieder schütteln. Die Espumamasse ist dann fertig, wenn sie beim Herausspritzen zwar schaumig ist, aber in Form bleibt. Ist dies noch nicht der Fall, muss sie weiter gekühlt werden.

Zum Anrichten das Basilikum fein schneiden und mit der Schlagsahne aufschäumen. Espuma in Gläser füllen und Basilikumschaum darübergeben. Mit einem Basilikumblatt garniert servieren.

Kürbis-Smoothie mit Ingwer

ZUTATEN

600 g Kürbis (Butternut, Piena di Napoli, Muskat)
10 g frischer Ingwer
300 ml Buttermilch
50 g Honig
Saft einer Orange
1 Prise Salz
Einige Tropfen Walnussöl

ZUBEREITUNG

Kürbis schälen, entkernen und in kleine Würfel schneiden. Ingwer schälen und fein schneiden.

Alle Zutaten in einen Smoothiemixer geben und pürieren. Smoothie in Gläser füllen und servieren.

TIPP: ANSTELLE VON INGWER KANN AUCH FRISCHES BASILIKUM VERWENDET WERDEN.

Kürbis-Apfel-Smoothie

ZUTATEN

600 g Kürbis (Patisson, Spaghettikürbis, Butternut)
300 g Äpfel
125 ml saure Sahne
125 ml Naturjoghurt
30 g brauner Zucker
Zimt
Saft einer Zitrone

ZUBEREITUNG

Kürbis schälen, entkernen und in kleine Würfel schneiden. Äpfel vierteln und entkernen.

Alle Zutaten in einen Smoothiemixer geben und pürieren. Smoothie in Gläser füllen und servieren.

TIPP: DIE ÄPFEL KÖNNEN AUCH DURCH ANDERES OBST ERSETZT WERDEN. SEHR GUT SCHMECKEN IN DIESER KOMBINATION APRIKOSEN ODER PFIRSICHE.

(Foto: Miguel Dieterich)

(Foto: Miguel Dieterich)

KÜRBIS ZUM SATT-WERDEN

VON DER HAUPTSPEISE
BIS ZUR BEILAGE

(Foto: Miguel Dieterich)

Kürbisquiche mit Käse

ZUTATEN

TEIG

150 g Butter
300 g Weizenmehl
150 ml Wasser
Salz

FÜLLUNG

500 g Kürbis (Ungarischer Bratkürbis, Muskat, Butternut)
200 g Speck; durchzogen
150 g Zwiebel
200 g Emmentaler
Schnittlauch
3 Eier
Salz
Schwarzer Pfeffer

ZUBEREITUNG

Für den Teig die kalte Butter mit einem Reibeisen grob reiben und mit Wasser, Mehl und Salz rasch zu einem Teig verkneten.

Für die Füllung den Kürbis schälen und grob raspeln. Speck in kleine Würfel schneiden. Zwiebel schälen und ebenso fein schneiden. Emmentaler grob raspeln. Schnittlauch in kleine Röllchen schneiden. Eier mit den Gewürzen verquirlen und mit den restlichen Zutaten vermengen, gut durchrühren und würzig abschmecken. Teig vierteln und zu Scheiben ausrollen. Diese in kleine Formen (Pizzableche) legen und den Rand leicht hochziehen. Die Füllung gleichmäßig drauf verteilen. Im vorgeheizten Backrohr bei 160–180 °C circa 20 Minuten backen. Quiche aus der Form nehmen und noch heiß mit grünem Salat servieren.

TIPP: WERDEN SIE KREATIV, WAS DIE KOMBINATION MIT WEITEREM GEMÜSE ANGEHT.

Aufgesetzte Kürbis-Palatschinke

ZUTATEN

PALATSCHINKE
120 g Mehl
Salz
250 ml Milch
2 Eier
Rapsöl

FÜLLUNG
Kürbis nach Wahl
Je ½ rote und ½ grüne Paprikaschote
200 g Bergkäse
125 ml saure Sahne
2 Eier
Salz
Schwarzer Pfeffer

RAGOUT
Kürbis nach Wahl
150 g Zwiebeln
Je ½ rote und ½ grüne Paprikaschote
2 EL Olivenöl
Salz
20 g Honig

Kräuter, gehackt (Petersilie, Schnittlauch, Thymian oder Rosmarin)

ZUBEREITUNG

Mehl, Salz und Milch glatt rühren. Eier dazugeben und gut unterrühren. Teig 20 Minuten quellen lassen. Etwas Öl erhitzen und einen kleinen Schöpfer Teig eingießen. Palatschinke von beiden Seiten goldgelb anbraten. Dies so oft wiederholen, bis der Teig aufgebraucht ist.

Für die Füllung Kürbis schälen, entkernen und grob raspeln. Paprika waschen, entkernen und in kleine Würfel schneiden. Bergkäse fein reiben. Das Gemüse mit den übrigen Zutaten vermischen. Palatschinke in kleine, runde, eingefettete Formen oder Tassen legen, die auf einem Backblech stehen. Die Füllung hineingeben, die überhängenden Ränder in der Mitte zusammendrehen. Mit Käse bestreuen und im Backrohr bei 160 °C circa 25 Minuten backen.

Für das Ragout Kürbis schälen, entkernen und in Würfel schneiden. Zwiebel schälen und würfeln. Paprika ebenso. Olivenöl erhitzen, Gemüse hineingeben und unter mehrmaligem Umrühren circa 5 Minuten garen. Dann salzen, Honig darübergeben.

Die Palatschinke auf das Gemüseragout setzen und mit gehackten Kräutern bestreuen.

TIPP: MIT DIESEN GEFÜLLTEN PALATSCHINKE WÜRDE AUCH EINE KÜRBIS-TOMATEN-SOSSE GUT HARMONIEREN.

(Foto: Miguel Dieterich)

(Foto: Miguel Dieterich)

Kürbisomelett mit Schafskäse

ZUTATEN

500 g Muskat
6 Eier
125 ml Milch
80 g Weizenmehl
Salz
Weißer Pfeffer
Rapsöl zum Backen
200 g Schafskäse
Schnittlauch oder Kresse zum Bestreuen

ZUBEREITUNG

Kürbis schälen, entkernen und grob raspeln. Eier mit Milch, Mehl und den Gewürzen gut verquirlen. Masse 20 Minuten aufquellen lassen. Kürbisraspel dazugeben und unterrühren. Etwas Öl in einer Pfanne erhitzen und einen Schöpfer der Kürbismasse hineingeben. Herd etwas zurückschalten. Schafskäse in Würfel schneiden und ein Viertel davon auf die Hälfte des Omeletts legen, damit dieser zu schmelzen beginnt. Zweite Hälfte des Omeletts darüberschlagen, vom Herd nehmen und zugedeckt einige Minuten stehen lassen.

Schnittlauch fein schneiden. Omeletts anrichten und mit Schnittlauch oder Kresse bestreut servieren.

TIPP: ANSTELLE VON SCHAFSKÄSE KANN AUCH BERGKÄSE ODER EIN ANDERER KÄSE NACH WAHL VERWENDET WERDEN.

Gebackene Kürbisknödel auf kernigen Blattsalaten

ZUTATEN

60 g Zwiebel
2 Knoblauchzehen
20 g Butter
500 g Weißbrot
½ l Milch
2 Eier
500 g Piena di Napoli
200 g Bergkäse
Salz
Schwarzer Pfeffer
Muskatnuss
Schale einer halben Zitrone
Blattsalat

ZUBEREITUNG

Zwiebel und Knoblauch schälen und fein schneiden. Butter zerlassen und Zwiebel und Knoblauch darin anschwitzen. Weißbrot in grobe Würfel schneiden. Milch und Eier gut verquirlen und über die Brotwürfel gießen. Gut durchrühren und Knoblauch-Zwiebel-Gemisch dazugeben.

Kürbis schälen, entkernen und in kleine Würfel schneiden oder grob raspeln. Diese mit dem geriebenen Käse und den Gewürzen zur Knödelmasse geben und unterrühren. Masse gut durchziehen lassen. Knödel formen und auf ein mit Backpapier belegtes Backblech legen. Im vorgeheizten Backrohr bei 180 °C 20 Minuten goldbraun backen. Mit Blattsalaten servieren.

TIPP: DIE KNÖDEL WERDEN SEHR GLEICHMÄSSIG, WENN SIE SIE MIT EINEM EISPORTIONIERER FORMEN.

(Foto: Miguel Dieterich)

(Foto: Miguel Dieterich)

Kürbis-Zwiebel-Pfanne mit Lachsforelle

ZUTATEN

700 g Kürbis (Piena di Napoli, Muskat)
150 g Zwiebeln
$^{1}/_{8}$ l klare Gemüsebrühe
Salz
Schwarzer Pfeffer
4 Lachsforellenfilets
1 Zitrone
Salbeiblätter
Petersilie oder Koriander zum Bestreuen

ZUBEREITUNG

Kürbis schälen und entkernen. Kürbisfleisch in Julienne (feine Streifen) schneiden. Zwiebeln schälen und ebenso fein schneiden. Gemüse in einer Pfanne in der Gemüsebrühe mit Salz und Pfeffer 2 Minuten dünsten.

Danach in eine eingefettete Auflaufform geben. Lachsforellenfilets mit der Hautseite auf die Kürbismasse legen. Fisch salzen und mit Zitronenscheiben und Salbeiblättern belegen. Im vorgeheizten Backrohr bei 170 °C 20 Minuten garen. Danach mit Petersilie oder frischem Koriander bestreut servieren.

TIPP: DIESES GERICHT WÜRDE AUCH MIT UNTERSCHIEDLICH FARBIGEN KÜRBISSEN SEHR GUT AUSSEHEN.

Zanderfilet mit Kürbis-Kräuter-Kruste

ZUTATEN

500 g Kürbis (Butternut, Muskat)
50 g Parmesan
1 EL Oregano, Majoran oder Bohnenkraut
2 Eier
1 EL Semmelbrösel
Schale einer halben Zitrone
Salz
Weißer Pfeffer
4 Zanderfilets
Kräutersalz
20 g Butter für die Form

ZUBEREITUNG

Kürbis schälen und entkernen. Danach mit einem Reibeisen oder einer entsprechenden Küchenmaschine fein raspeln. Parmesan ebenso fein raspeln. Kräuter fein schneiden. Alles mit Eiern, Bröseln, Zitronenschale, Salz und Pfeffer gut vermengen.

Die Zanderfilets beidseitig leicht salzen und mit der Hautseite nach oben in eine mit Butter eingefettete Backform legen. Die Kürbis-Kräuter-Krustenmasse gleichmäßig darauf verteilen. Im vorgeheizten Backrohr bei 170 °C 20 Minuten garen. Mit herzhaften Salaten servieren.

TIPP: FÜR EINEN BESONDEREN FARBEFFEKT REICHERN SIE DIE KRUSTENMASSE MIT EINER FEIN GESCHNITTENEN ROTEN ZWIEBEL AN.

(Foto: Miguel Dieterich)

(Foto: Miguel Dieterich)

Kürbis-Wein-Risotto mit Rosmarinbirnen

ZUTATEN

RISOTTO

120 g Zwiebel
20 g Butter
250 g Risottoreis oder Weizenreis
250 ml Wasser
250 ml Weißwein (Riesling)
Salz
500 g Kürbis (Butternut, Hokkaido, Piena di Napoli)
50 g Parmesan
Schwarzer Pfeffer

ROSMARINBIRNEN

3 Birnen
2 Zweige Rosmarin
125 ml Weißwein (Riesling)
40 g Honig

ZUBEREITUNG

Zwiebel schälen und fein schneiden. Butter erhitzen und die Zwiebel darin goldgelb anschwitzen. Reis beigeben und nach und nach mit Wasser, Wein und Salz aufkochen, bis er Reis weich ist und alle Flüssigkeit aufgesogen hat. Dabei immer wieder umrühren.

Nach 20 Minuten den geschälten, entkernten und in 2 x 2 cm große Würfel geschnittenen Kürbis dazugeben und mitgaren. Risotto vor dem Anrichten nochmals gut und würzig abschmecken und mit einem Schluck Weißwein aufmuntern.

Birnen schälen und entkernen. Danach je nach Größe vierteln oder sechsteln. Wein mit Honig und Rosmarinzweigen aufkochen. Die Birnen in den Weinsud legen und 3 Minuten bissfest garen. Den Topf dann vom Herd nehmen und circa 20 Minuten nachziehen lassen. Risotto beim Anrichten mit Parmesan und frischem Pfeffer bestreuen. Mit den Rosmarinbirnen servieren.

TIPP: NATÜRLICH KANN AUF WUNSCH AUCH ROTWEIN FÜR DIESES GERICHT VERWENDET WERDEN. DANN DIE KÜRBISWÜRFEL IN WASSER DÄMPFEN UND ERST ZUM SCHLUSS ZUM RISOTTO GEBEN, DAMIT SIE IHRE SCHÖNE FARBE BEHALTEN.

Kürbisringe nach Pariser Art mit Knoblauchdip

ZUTATEN

1,5 kg Kürbis (Bratkürbis, Butternut)
150 g Eier
100 g Bergkäse
Salz
100 g Weizenmehl
3 Knoblauchzehen
150 g Crème fraîche
1 TL Olivenöl

ZUBEREITUNG

Den Kürbis schälen, entkernen und in 1 cm dicke Scheiben oder Ringe schneiden (je nach Sorte: Bratkürbis in Scheiben, Butternut in Ringe). Die Eier in einer tiefen Schale gut verrühren. Den Bergkäse fein reiben.

Die Kürbisscheiben bzw. -ringe salzen, in Mehl wälzen und in die Eiermasse tauchen. Die Scheiben bzw. Ringe auf ein mit Backpapier belegtes Backblech legen und mit Bergkäse bestreuen. Im vorgeheizten Backrohr bei 200 °C circa 10 Minuten backen. Sofort nach dem Backen am besten mit grünem Salat servieren.

Für den Knoblauchdip den Knoblauch schälen und fein schneiden. Mit Crème fraîche, Olivenöl und Salz verrühren und würzig abschmecken.

TIPP: BESONDERS GUT ALS VORSPEISE GEEIGNET.

(Foto: Miguel Dieterich)

(Foto: Miguel Dieterich)

Kürbisstrudel mit Meerrettichcreme

ZUTATEN

TEIG
250 g Weizenmehl
Salz
1 EL Essig
2 Eier (davon eins zum Bestreichen)
1 EL Öl
125 ml Wasser

FÜLLUNG
500 g Kartoffeln, mehlig kochend
1,5 kg Kürbis (Muskat, Butternut, Piena di Napoli)
300 g Erbsen
200 g Zwiebel,
30 g Butter
3 Eier
100 g Haferflocken
Salz

MEERRETTICHDIP
40 g Meerrettich
125 ml saure Sahne
Salz
Weißer Pfeffer

ZUBEREITUNG

Aus den Zutaten einen geschmeidigen Teig kneten, dann zu einer Kugel formen, mit Öl bestreichen und in einer Schüssel zugedeckt mindestens 30 Minuten ruhen lassen.

Gekochte Kartoffeln schälen und in 2 x2 cm große Stücke schneiden. Kürbis schälen, entkernen und ebenso würfeln. Kürbis und Erbsen circa 3 Minuten dämpfen. Zwiebeln schälen, fein hacken und in der Hälfte der Butter hellbraun anrösten. Danach abkühlen lassen. Die Eier verquirlen, mit Haferflocken und Salz verrühren und 20 Minuten quellen lassen.

Alle Zutaten für die Füllung in einer großen Schüssel gut vermengen. Den Strudelteig ausziehen, mit der anderen Hälfte zerlassener Butter beträufeln. Die Kürbisfüllung auf 2/3 der Teigfläche verteilen. Die Teigenden einschlagen und Strudel einrollen. Mit 1 Ei bestreichen und bei 180 °C 40 bis 45 Minuten backen.

Für den Dip Meerrettich schälen und fein raspeln. Danach mit saurer Sahne, Salz und weißem Pfeffer abschmecken und servieren.

TIPP: FÜR FLEISCHLIEBHABER KANN MIT DER ZWIEBEL NOCH KLEIN GEWÜRFELTER SPECK GERÖSTET WERDEN.

Kürbisauflauf mit Speck und Kartoffeln

ZUTATEN

1 kg Hokkaido
500 g Kartoffeln, mehlig kochend
250 g Speck, durchzogen
150 g rote Zwiebeln
Salz
Weißer Pfeffer
20 g Butter
30 g Weizenmehl
400 ml Milch
1 Prise Muskatnuss
100 g Bergkäse
Butter für die Form

ZUBEREITUNG

Kartoffeln mit Schale in wenig Wasser dämpfen. Kürbis halbieren, entkernen und in kleinere Würfel schneiden. Kartoffeln abkühlen lassen, schälen und in Würfel schneiden. Zwiebeln schälen und fein würfeln.

Den Speck in feine Streifen schneiden und in einer Pfanne anlaufen lassen, bis Fett austritt. Nun die Zwiebeln dazugeben und kurz mitbraten. Kürbis- und Kartoffelwürfel dazugeben und gut würzen. Pfanneninhalt in eine eingefettete Auflaufform geben und gleichmäßig verteilen.

Für die Béchamelsoße die Butter in einem höheren Topf zerlassen. Mehl darin anschwitzen und dann mit Milch aufgießen und glatt rühren. Würzen und einmal gut aufkochen lassen. Dann über den Auflauf gießen. Den Bergkäse fein raspeln und darüberstreuen. Im Backrohr bei 180 °C circa 20 Minuten backen, bis die Oberfläche eine schöne braune Farbe hat.

TIPP: ANSTELLE DER BÉCHAMELSOSSE KANN AUCH EIN GEMISCH AUS SAURER SAHNE UND EIERN VERWENDET WERDEN.

(Foto: Miguel Dieterich)

(Foto: Miguel Dieterich)

KÜRBIS SPEZIAL

VON WRAP BIS CURRY

(Foto: Miguel Dieterich)

Kürbis-Käse-Brot

ZUTATEN

TEIG

500 g Roggenmehl, Type 960
500 g Weizenvollmehl
100 g Sauerteig
40 g Hefe
2 EL Maiskeimöl
circa 650 ml Wasser
20 g Salz

ZUSATZ

150 g Kürbiskerne
500 g Kürbis nach Wahl oder Zucchini
120 g Hartkäse

ZUBEREITUNG

Alle Teigzutaten in eine entsprechend große Schüssel geben und daraus einen mittelfesten Hefeteig kneten. Diesen zugedeckt gehen lassen.

100 g der Kürbiskerne grob hacken, Kürbis schälen, entkernen und ebenso wie den Käse grob raspeln. Dem Teig beifügen und nochmals gut durchkneten. Teig teilen und zu Kugeln schleifen. Danach beliebig zu Wecken oder Laiben ausformen und auf ein mit Backpapier ausgelegtes Backblech oder in ein Gärkörbchen legen. Nochmals gut aufgehen lassen. Brot im Gärkörbchen zuerst auf das Backblech stürzen. Bei 225 °C in den vorgeheizten Backofen einschießen und mit Schwaden (Feuchtigkeit) backen. Nach 10 Minuten auf 180 °C zurückschalten und weitere 30 Minuten backen.

TIPP: DIESES BROT KANN AUCH FLACH AUF EINEM BACKBLECH AUSGEROLLT UND NACH DEM BACKEN IN SCHNITTEN GETEILT WERDEN. DIE MENGE REICHT FÜR ZWEI BACKBLECHE.

Minipizzen mit Kürbis und Camembert

ZUTATEN

TEIG
500 g Mehl, glatt
10 g Salz
20 g Hefe
circa 300 ml Wasser
50 ml Sonnenblumenöl
50 g Mehl zum Ausarbeiten

BELAG
400 g Hokkaido
100 g Frühlingszwiebel
100 g Paprika
200 g Kochschinken
150 g Camembert
100 g Hartkäse, gerieben
Oregano

ZUBEREITUNG

Mehl mit Salz vermischen. Hefe dazugeben und mit lauwarmem Wasser und Öl zu einem geschmeidigen Teig verkneten. Den Teig in der Schüssel gut 30 Minuten ruhen lassen.

Kürbis halbieren, entkernen und in kleine Würfel schneiden. Die Frühlingszwiebel waschen und in Ringe schneiden. Paprika halbieren, entkernen und in Würfel schneiden. Schinken in kleine Streifen schneiden. Camembert klein würfeln. Hartkäse fein reiben.

Anschließend den Teig auf einer bemehlten Fläche circa 1 cm dick ausrollen und kleine Kreise ausstechen. Diese in Abständen auf ein mit Backpapier belegtes Backblech legen. Gemüse und Schinken auf die kleinen Scheiben verteilen und mit Oregano würzen. Den zerteilten Camembert locker darüberlegen. Hartkäse auf die Minipizzen verteilen. Restlichen Teig zusammenkneten, entspannen lassen, wieder ausrollen und belegen, bis alle Zutaten verbraucht sind. Die kleinen Pizzen im vorgeheizten Rohr bei 210 °C circa 15–20 Minuten backen.

TIPP: AUS DIESEN ZUTATEN KÖNNEN EBENSO KÜRBISPIZZASCHNECKEN ODER EINE GROSSE PIZZA GEBACKEN WERDEN. KINDER LIEBEN ABER KLEINE PIZZEN.

(Foto: Miguel Dieterich)

(Foto: Miguel Dieterich)

Kürbiswok mit Huhn

ZUTATEN

500 g Hühnerbrustfilet
600 g Kürbis (Muskat, Bratkürbis, Butternut)
250 g Erbsenschoten
200 g Zucchini
Woköl oder Rapsöl
30 g Maisstärke
Frischer Koriander
Salz
Weißer Pfeffer

WOKSOSSE

100 ml Balsamico
100 ml Sojasoße
100 ml Aprikosenmarmelade
Chiliflocken nach Gusto
Frische Frühlingszwiebeln zum Bestreuen

ZUBEREITUNG

Hühnerbrustfilet quer zur Faser in feine Streifen schneiden. Kürbis schälen, entkernen und in circa 0,5 cm dicke Stifte schneiden. Die frischen Erbsenschoten und Zucchini dazu passend schräg schneiden. Für die Woksoße alle Zutaten aufkochen und 5 bis 10 Minuten leicht köcheln lassen. Mehrmals umrühren, damit die Soße nicht anbrennt. Dann vom Herd nehmen.

Öl in der Pfanne erhitzen. Fleischstreifen in der Maisstärke wenden und in kleinen Portionen nacheinander im Wok sehr heiß und sehr kurz braten. Wenn nötig ein wenig Öl nachgießen. Fleisch herausnehmen und die Erbsenschoten im Wok braten, nach 2 Minuten die Kürbis- und Zucchinistreifen dazugeben.

Woksoße nach Wunsch dazugeben und mit Koriander, Salz und Pfeffer würzen. Danach aufkochen lassen, Fleisch wieder beifügen, durchrühren und nochmals abschmecken. Sofort mit jungen Frühlingszwiebelringen bestreut servieren.

TIPP: ZU DIESEM KÜRBISWOK PASSEN AUCH ANDERE FLEISCHSORTEN, DIE SICH ZUM KURZBRATEN EIGNEN.

Dinkel-Kürbis-Fladen

ZUTATEN

1 kg Dinkelvollkornmehl
40 g Hefe
600 ml Wasser
20 g Salz
500 g Kürbis nach Wahl
½ TL Rosmarin
80 g Parmesan

ZUBEREITUNG

Mehl, Hefe, Wasser und Salz in eine entsprechend große Schüssel geben und daraus einen mittelfesten Hefeteig kneten. Diesen zugedeckt gut aufgehen lassen.

Kürbis schälen, entkernen, fein raspeln und dem Teig beifügen. Nochmals gut durchkneten, Teig teilen und zu Kugeln schleifen. Danach zu Laiben ausformen und auf ein mit Backpapier ausgelegtes Backblech legen. Nochmals gut aufgehen lassen. Mit einem Rollholz zu einem Fladen rollen. Die Oberfläche mit Wasser besprühen oder mit Olivenöl bepinseln. Rosmarin und geriebenen Parmesan darüberstreuen. Nochmals 10 Minuten gehen lassen. Vor dem Einschub in den Ofen werden die Brote mit einem Spieß mehrmals tief eingestochen. Bei 225 °C in den vorgeheizten Backofen einschießen und mit Schwaden (Feuchtigkeit) backen. Nach 10 Minuten auf 180 °C zurückschalten und weitere 30 Minuten backen.

TIPP: DIESER TEIG EIGNET SICH AUCH GUT FÜR KLEINE WECKERL ODER STANGERL.

(Foto: Miguel Dieterich)

(Foto: Miguel Dieterich)

Kürbiscurry mit Forelle

ZUTATEN

1 kg Kürbis (Muskat, Piena di Napoli)
200 g Zwiebeln
50 g Rapsöl oder Butter
10 g Maisstärke
125 ml Weißwein oder Gemüsebrühe
Salz
Schwarzer Pfeffer
Curry
Curcuma
Saft einer halben Orange
4 Forellenfilets
Öl zum Braten

ZUBEREITUNG

Kürbis schälen und entkernen. Das Kürbisfleisch in circa 3 x 3 cm große Würfel schneiden. Zwiebeln schälen und fein schneiden. Rapsöl oder Butter erhitzen und Zwiebeln darin gut anschwitzen. Maisstärke dazugeben und umrühren. Mit Wein oder Gemüsebrühe aufgießen und die Kürbiswürfel beifügen. Dann die Gewürze und den Organgensaft dazugeben und auf kleiner Flamme 10 Minuten köcheln lassen.

Inzwischen die Forellenfilets salzen und in Öl beidseitig hellbraun anbraten. Kürbiscurry abschmecken und auf einem Teller anrichten. Fisch zerteilen oder als Ganzes darauf anrichten. Mit beliebigen Kräutern bestreut servieren.

TIPP: DIESES GERICHT IST SCHNELL ZUBEREITET UND KANN AUCH MIT ANDEREN FISCHARTEN KOMBINIERT WERDEN.

Lamm-Maroni-Ragout mit Kürbis-Grünkern-Risotto

ZUTATEN

100 g Schalotten
2 Knoblauchzehen
400 g Butternut
1 TL Rosmarin, frisch
1 TL Zitronenthymian
4 cl Sonnenblumenöl
300 g Grünkern
100 ml Apfelsaft
1 l klare Gemüsebrühe
10 g Salz
Schwarzer Pfeffer
200 g Maroni, genussfertig
400 g Lammschulter
100 g Karotten
200 ml Rahm
1 TL Apfelbalsamico

ZUBEREITUNG

Schalotten und Knoblauchzehen schälen. Eine Schalotte und den Knoblauch fein hacken. Restliche Schalotten zur Seite legen. Kürbis schälen, entkernen und würfeln.

Rosmarin und Thymian waschen und fein hacken.
1 EL Öl in einem Topf erhitzen. Gehackte Schalotte, Knoblauch und Kürbiswürfel circa 2 Minuten andünsten. Grünkern dazugeben und eine weitere Minute unter Rühren dünsten. Mit Apfelsaft ablöschen und bei mittlerer Hitze einkochen lassen. Nach und nach unter ständigem Rühren 750 ml der Gemüsebrühe dazugeben. Dann Grünkern bei kleiner Flamme 15 bis 20 Minuten quellen lassen, dabei öfter umrühren. Risotto mit den Kräutern, Salz und Pfeffer abschmecken. Für das Ragout die restlichen Schalotten vierteln. Maroni halbieren und Lammfleisch in Würfel schneiden. Die Karotten schälen, waschen und klein würfeln. Öl in einer Pfanne erhitzen und Schalotten darin andünsten. Karotten, Maroni und Lammfleisch dazugeben und circa 5 Minuten anbraten. Mit der restlichen Gemüsebrühe ablöschen, mit Rahm verfeinern und 20 Minuten leicht dünsten.
Das Ragout mit Apfelbalsamico, Salz und Pfeffer abschmecken.

TIPP: ANSTELLE VON GRÜNKERN KANN AUCH DINKELREIS, WEIZENREIS ODER RISOTTOREIS VERWENDET WERDEN.

(Foto: Miguel Dieterich)

(Foto: Miguel Dieterich)

Gnocchi mit Kürbisgemüse

ZUTATEN

GNOCCHI
500 g Kartoffeln, mehlig kochend
Salz
Schwarzer Pfeffer
Muskatnuss
100 g Patisson
1 Eigelb
100 g griffiges Mehl
125 ml Milch
80 g Hartkäse
30 g Butter
Petersilie zum Bestreuen

KÜRBISGEMÜSE
500 g Hokkaido
100 g Zwiebeln
50 g Butter
Kräutersalz
Schwarzer Pfeffer
125 ml klare Gemüsebrühe

ZUBEREITUNG

Hokkaido entkernen und in circa 2 x 2 cm große Würfel schneiden. Zwiebeln schälen und fein schneiden. Butter in einer Pfanne erhitzen und die Zwiebeln mit den Kürbiswürfeln circa 5 Minuten gut durchrösten. Mit Kräutersalz und Pfeffer würzen. Mit Gemüsebrühe aufgießen und circa 10 Minuten dünsten.

Für die Gnocchi die Kartoffeln mit Schale garen und anschließend noch heiß schälen. Mit einer Gabel fein zerdrücken und mit Salz, Pfeffer und Muskatnuss würzen. Den Patisson fein raspeln, mit Mehl und Eigelb zu den Kartoffeln geben und rasch zu einem glatten Teig verkneten. Den Teig auf einer bemehlten Arbeitsfläche zu 2 Rollen mit circa 2 cm Durchmesser formen. Die Rollen in 2 cm lange Stücke schneiden. Diese in reichlich gesalzenem kochenden Wasser circa 10 Minuten ziehen lassen. Anschließend abseihen und mit kaltem Wasser abschrecken. Gnocchi vorsichtig zum Kürbisragout geben.

Milch in eine Auflaufform gießen und Gnocchi und Ragout darüber verteilen. Mit geriebenem Käse bestreuen und mit Butterflocken belegen. Die Kürbisgnocchi im vorgeheizten Backrohr bei 190 °C circa 30 Minuten backen. Vor dem Servieren mit Petersilie bestreuen.

TIPP: FÜR DIE GNOCCHI KANN AUCH BRATKÜRBIS VERWENDET WERDEN. ER IST FESTKOCHEND UND BEHÄLT DIE STRUKTUR.

Bunter Kürbiswrap

ZUTATEN

WRAP

½ l Milch
200 g Maismehl
60 g Weizenmehl
4 Eier
Salz
Maiskeimöl zum Ausbacken

FÜLLUNG

600 g Kürbis (Hokkaido, Butternut, Piena di Napoli)
1 rote Paprikaschote
2 Frühlingszwiebeln
40 g Maiskeimöl
400 g Hackfleisch
Salz
Weißer Pfeffer
Ysop (auch Eisenkraut)
Winterheckenzwiebel oder Schnittlauch

ZUBEREITUNG

Milch und Mehl für den Wrapteig gut verrühren. Dann Eier und Salz dazugeben und mit einem Schneebesen zu einer gleichmäßig glatten Masse rühren. Den Teig circa 30 Minuten quellen lassen.

Inzwischen die Füllung zubereiten. Dazu Kürbis, wenn nötig, schälen, entkernen und in 1 x 1 cm große Würfel schneiden. Paprikaschote entkernen und würfeln. Die Frühlingszwiebeln in feine Ringe schneiden. Öl in einer Pfanne erhitzen, Zwiebelringe darin mehrmals wenden. Danach die Paprika- und Kürbiswürfel 2 Minuten mitrösten. Hackfleisch dazugeben und in 5 Minuten fertig garen, Gewürze dazugeben. Füllung warm halten.

Für die Wraps ein wenig Öl in einer Pfanne erhitzen. Einen Schöpfer des Teigs eingießen, den Teig von einer Seite hellbraun anbraten, wenden, durchbraten lassen und herausnehmen. Wiederholen, bis der Teig aufgebraucht ist.

Die fertigen Wraps mit der warmen Füllung bestreuen und eng einrollen. Schräg durchschneiden und auf Tellern anrichten. Mit Ringen der Winterheckenzwiebel oder Schnittlauch bestreut servieren.

TIPP: EINE GESCHMACKLICH ANDERE VARIATION ERGIBT SICH DURCH DIE VERWENDUNG VON FISCH ANSTELLE VON FLEISCH. FISCHFILETS SOLLTEN JEDOCH ERST KURZ VOR DEM GARENDE HINZUGEFÜGT WERDEN, UM NICHT GANZ ZU ZERFALLEN.

(Foto: Miguel Dieterich)

(Foto: Miguel Dieterich)

Kürbisfrühlingsrollen

ZUTATEN

TEIG
250 g Mehl
5 g Salz
1 EL Essig
1 EL Öl
125 ml Wasser

FÜLLUNG
100 g rote Zwiebel
20 g Rapsöl
200 g Hokkaido
200 g Weißkraut
100 g Karotten
20 g Kürbiskerne
10 ml Apfelessig
10 ml Kürbiskernöl
Salz
Schwarzer Pfeffer
Curcuma
1 Ei
Sesam zum Bestreuen

KÜRBIS-INGWER-DIP
500 g Hokkaido
200 ml Wasser
20 g Ingwerwurzel
250 g saure Sahne
10 g Salz

ZUBEREITUNG

Für den Dip Kürbis halbieren, entkernen, in feine Würfel schneiden und in circa 250 ml gesalzenem Wasser dünsten. Ingwer schälen, klein schneiden und mit Kürbis kurz aufkochen, dann fein pürieren. Saure Sahne unterrühren und den Dip kühl stellen.

Für die Frühlingsrollen die Teigzutaten zu einem sehr geschmeidigen, glatten Teig kneten und zu einer Kugel formen, mit Öl bestreichen und zugedeckt circa 30 Minuten ruhen lassen.

Zwiebel in feine Streifen schneiden und in Rapsöl anschwitzen. Kürbis, Weißkraut und Karotten in feine Streifen schneiden, zu den Zwiebeln geben und kurz mitdünsten. Die Kürbiskerne hacken und beigeben, mit Apfelessig ablöschen und mit Kürbiskernöl geschmacklich abrunden. Anschließend die Füllung mit Gewürzen abschmecken.

Den Teig dünn ausrollen und in 32 Quadrate (circa 15 x 15 cm) schneiden. Gemüse jeweils in die Mitte des Quadrats geben, drei Teigecken einschlagen und locker einrollen. Den Rand mit verquirltem Ei bestreichen. Mit Sesam bestreuen und im Backrohr bei 180 °C goldbraun backen.

TIPP: ROHE FRÜHLINGSROLLEN KÖNNEN EINGEFROREN WERDEN UND NACH DEM AUFTAUEN WIE FRISCHE ROLLEN GEBACKEN WERDEN.

Kürbispasta mit Petersilie

ZUTATEN

400 g Spaghettikürbis
100 g Zwiebeln
30 g Butter
100 ml Gemüsebrühe
4 g Salz
Basilikum
Oregano
50 ml Sahne
400 g Bandnudeln
Petersilie
80 g Parmesan oder würziger Hartkäse

ZUBEREITUNG

Kürbis schälen, entkernen und in leicht gesalzenem Wasser weich kochen. Danach kann der Kürbis mit einer Gabel in Spaghettifäden geteilt werden.

Zwiebeln schälen und fein schneiden. Butter erhitzen und Zwiebeln darin leicht anschwitzen. Mit Gemüsebrühe aufgießen. Aufkochen lassen, danach Kürbisfäden und Sahne beifügen und würzen.

Bandnudeln in ausreichend Salzwasser bissfest kochen und abseihen. Auf Tellern anrichten und die Kürbismasse darüber verteilen. Mit geriebenem Käse und feiner Petersilie bestreut servieren.

TIPP: WER ES VIEL BUNTER LIEBT, NIMMT EINEN FARBENFROHEN KÜRBIS MIT KRÄFTIGER FLEISCHFARBE.

(Foto: Miguel Dieterich)

(Foto: Miguel Dieterich)

KÜRBIS SÜSS

VON KUCHEN BIS MOUSSE

(Foto: Miguel Dieterich)

Kürbis-Pie

ZUTATEN

TEIG
300 g Dinkelvollkornmehl
1 Prise Salz
100 g Puderzucker (Backzucker)
200 g Butter
1 Ei

FÜLLUNG
1 kg Kürbis (Piena di Napoli, Muskat)
3 Eier
250 ml Sahne
40 g Vanillepuddingpulver
100 g Zucker

ZUBEREITUNG

Für den Teig Mehl und Salz vermischen, Puderzucker (oder Backzucker) dazugeben.

Die kalte Butter mit einem Reibeisen grob raspeln. Butter mit den trockenen Zutaten vermischen. Das Ei dazugeben und rasch zu einem Teig verkneten. Diesen zugedeckt im Kühlschrank 20 Minuten ruhen lassen.

Inzwischen den Kürbis schälen, entkernen und in 1 x 1 cm große Würfel schneiden. Die Eier mit Sahne, Puddingpulver und Zucker gut verrühren. Teig nach dem Ruhen zu einem Kreis mit 28 cm Durchmesser ausrollen. Eine Tortenspringform mit 26 cm Durchmesser am Boden damit belegen. Den überlappenden Teig am Rand nach oben drücken. Kürbiswürfel gleichmäßig darauf verteilen. Eier-Sahne-Gemisch darübergießen. Im vorgeheizten Backofen bei 180 °C circa 35–40 Minuten goldbraun backen. Pie ein wenig abkühlen lassen, aus der Form nehmen und noch lauwarm servieren.

TIPP: IN DERSELBEN ART UND WEISE KÖNNEN AUCH PORTIONSGERECHTE PIES IN KLEINEN FÖRMCHEN ZUBEREITET WERDEN, DIE SEHR NETT AUSSEHEN.

Kürbis-Nuss-Muffins mit Schneehäubchen

ZUTATEN

400 g Kürbis (Hokkaido, Butternut)
120 g Butter
220 g Puderzucker (Backzucker)
5 g Vanillezucker
2 Eier
60 g Nüsse
120 g Dinkelmehl
5 g Backpulver
2 Eiweiß
Papierbackförmchen, Durchmesser circa 4,5 cm

ZUBEREITUNG

Kürbis, wenn nötig, schälen, entkernen und fein raspeln. Butter, 120 g Puderzucker und 2 Eigelb mit Vanillezucker sehr schaumig rühren. Nüsse fein reiben. Diese mit Mehl, Backpulver und Kürbisraspeln dazugeben und vermengen. 2 Eiweiß zu Eischnee schlagen und leicht unterheben.

Anschließend die Backförmchen mit einem kleinen Löffel oder Dressiersack mit großer runder Tülle zu ¾ füllen und bei 180 °C circa 10 Minuten backen.

Inzwischen 2 Eiweiß mit 100 g Staubzucker über Dampf sehr schaumig aufschlagen. In einen Dressiersack mit runder Tülle füllen und kleine Tupfen auf die Muffins dressieren. Weitere 7 Minuten fertig backen.

TIPP: MIT EIN WENIG – 50 g – ZERLASSENER SCHOKOLADE IM MUFFINTEIG WIRD DER FARBKONTRAST ZUR EIWEISSMASSE NOCH BESSER HERVORGEHOBEN UND AUCH DER GESCHMACK ABGEWANDELT.

(Foto: Miguel Dieterich)

(Foto: Miguel D[illegible])

Süßer Kürbisstrudel

ZUTATEN

STRUDELTEIG
250 g Mehl
10 g Salz
20 ml Essig
40 ml Öl
circa 150 ml Wasser

FÜLLUNG
500 ml Milch
180 g Maisgrieß
160 g Butter
5 Eier
Zitronenschale
Salz
Vanillezucker
140 g Kristallzucker
250 g Quark
300 g Birnen, geschnitten
500 g Kürbis nach Wahl, gewürfelt
8 EL Semmelbrösel zum Bestreuen
100 g Butter zum Beträufeln und Bestreichen

KÜRBISKROKANT
100 g Kristallzucker
100 g Kürbiskerne
Eierlikör

ZUBEREITUNG

Die Strudelteig-Zutaten zu einem geschmeidigen, glatten Teig verrühren. Zu einer Kugel formen, mit Öl bestreichen und zugedeckt circa 30 Minuten ruhen lassen.

Milch aufkochen und Maisgrieß einrühren, kurz aufkochen lassen. Butter mit 5 Eigelb, Zitronenschale, Salz, Vanille- und Kristallzucker schaumig rühren, Quark und Maisgrießmasse einrühren. 5 Eiweiß zu Eischnee schlagen und unterheben. Den Teig auf einem mit Mehl bestaubten Tuch dünn ausziehen und mit Butter beträufeln. 2/3 der Teigfläche mit der Quark-Maisgrieß-Masse bestreichen, mit Obst und Kürbiswürfeln belegen, einrollen und bei 180–200 °C circa 30–45 Minuten backen.

Für den Kürbiskrokant Zucker in einer Pfanne karamellisieren, Kürbiskerne einrühren. Die heiße Krokantmasse auf Backpapier gießen, auskühlen lassen und mit einem Messer grob hacken.

TIPP: STATT MAISGRIESS KÖNNEN SIE AUCH WEIZENGRIESS VERWENDEN UND BIRNEN DURCH ÄPFEL ERSETZEN - GANZ, WIE ES IHNEN SCHMECKT.

Zuckerbuchteln mit Kürbismarmelade

ZUTATEN

500 g Weizenmehl, glatt
10 g Salz
20 g Hefe
100 g Zucker
250 ml Milch
2 Eier
150 g Butter
100 g Kristallzucker
½ TL Zimt
250 g Kürbismarmelade

ZUBEREITUNG

Mehl mit Salz mischen, Hefe dazugeben und mit Zucker, Milch und Ei verrühren. 50 g Butter zerlassen und lauwarm dazugeben. Diese Masse gut kneten, bis sich der Teig von der Schüssel löst. Die Oberfläche mit etwas Mehl bestäuben und an einem warmen Ort circa 30 Minuten zugedeckt gehen lassen.

100 g Butter in einer Schüssel erwärmen. Kristallzucker und Zimt in einer weiteren Schüssel mischen. Den Hefeteig auf einer bemehlten Fläche circa 1 cm dick ausrollen und mit einem Teigrad in circa 7 x 7 cm große Stücke teilen. Auf jedes dieser Teigstücke einen kleinen Löffel Kürbismarmelade setzen. Die Teigstücke mit den Fingern zusammenfalten, in die erwärmte Butter und dann in das Kristallzucker-Zimt-Gemisch tauchen. Mit der Zuckerfläche nach oben in eine Backform setzen. Die Zuckerbuchteln in der Form nochmals circa 20 Minuten gehen lassen, dann im vorgeheizten Backrohr bei 180°C circa 30–40 Minuten backen.

TIPP: DIE BUCHTELN SCHMECKEN AUCH MIT VANILLESOSSE HERVORRAGEND.

(Foto: Miguel Dieterich)

(Foto: Miguel Dieterich)

Kürbis-Apfel-Schnitte

ZUTATEN

TEIG

4 Eier
1 Prise Salz
100 ml Wasser
100 ml Maiskeimöl
250 g Puderzucker
250 g Dinkel- oder Weizenvollkornmehl
1 Pck. Backpulver

BELAG

5 Blätter Gelatine
700 g Kürbis (Hokkaido, Piena di Napoli)
300 g Äpfel
Saft einer Zitrone
70 g Vanillepuddingpulver
125 ml Apfelsaft oder Wasser
500 ml Sahne
Vanillezucker

ZUBEREITUNG

Für den Teig die Eier trennen. Eiweiß mit Salz zu Eischnee aufschlagen. Eigelb mit Wasser, Öl und Puderzucker schaumig rühren. Mehl mit Backpulver vermischen und dazugeben. Eischnee leicht unterheben und Teigmasse auf ein mit Backpapier belegtes Backblech aufstreichen. Im vorgeheizten Backrohr bei 180 °C circa 25 Minuten backen.

Gelatine in kaltem Wasser einweichen. Kürbis, wenn nötig, schälen und entkernen. Kürbisfleisch ebenso raspeln wie die entkernten Äpfel. Die Raspel in einem Topf mit dem Saft der Zitrone weich kochen. Das Puddingpulver in Apfelsaft oder Wasser glatt rühren und in die Kürbis-Apfel-Raspel einkochen. Diese einmal aufkochen lassen und vom Herd nehmen. Eingeweichte Gelatine in die noch heiße Masse geben und gut verrühren. Den fertigen Überguss gleichmäßig auf den gebackenen Kuchen auftragen. Kuchen sehr gut auskühlen und stocken lassen. Schlagsahne mit Vanillezucker steif schlagen und auf der Kürbis-Apfel-Masse glatt streichen. Schnitte in Stücke schneiden und zum Beispiel zum Kaffee servieren.

TIPP: SEHR GUT SCHMECKT DIESE SCHNITTE AUCH, WENN SIE MIT ZIMT UND ZUCKER FEIN ÜBERSIEBT WIRD.

Zweierlei Kürbismousse

ZUTATEN

500 g Muskat
500 g Patisson
3 Blätter Gelatine
3 cl Rum
3 cl Orangenlikör oder -saft
60 g Puderzucker
250 ml Sahne

ZUBEREITUNG

Kürbisse halbieren, schälen und entkernen. Anschließend in kleine Würfel schneiden und getrennt in wenig Wasser weich dünsten. Wenn die Kürbiswürfel gar sind, werden sie mit einem Pürierstab fein püriert.

Für das jeweilige Kürbismousse Gelatine in kaltem Wasser einweichen, dann Rum und Orangenlikör oder -saft erhitzen und Gelatine darin auflösen. Puderzucker dazugeben. Die Gelatinemasse mit dem Kürbispüree rasch glatt rühren und auskühlen lassen.

Sahne aufschlagen und unter die jeweilige Kürbismasse heben. Die beiden Mousse abwechselnd in Dessertschalen füllen oder dressieren und kalt stellen.

TIPP: DIESE BEIDEN MOUSSE KÖNNEN AUCH ZEITGLEICH MIT DRESSIERSÄCKEN SENKRECHT IN DESSERTGLÄSER GEFÜLLT WERDEN.

(Foto: Miguel Dieterich)

(Foto: Miguel Dieterich)

Birnen-Kürbis-Crumble

ZUTATEN

300 g Birnen
Saft einer Zitrone
500 g Kürbis (Butternut, Piena di Napoli)
40 g brauner Zucker

CRUMBLE

100 g Butter
200 g Weizenmehl
120 g Zucker
20 g Butter für die Form

ZUBEREITUNG

Die Birnen schälen und anschließend achteln. Birnenspalten mit Zitronensaft übergießen, damit sie nicht braun werden. Den Kürbis schälen, entkernen und in den Birnenspalten ähnliche Stücke schneiden. Birnen und Kürbis mischen und mit Zucker bestreuen. 10 Minuten ziehen lassen. Für die Streusel (Crumble) Butter, Mehl und Zucker in eine Schüssel geben und so lange mit einer Gabel aufschlagen, bis Streusel entstanden sind.

Eine passende Auflaufform oder Backform mit Butter einfetten. Birnen- und Kürbisspalten abwechselnd in die Backform schichten und vollständig mit Streuseln bedecken. Crumble im vorgeheizten Backrohr bei 180 °C so lange backen, bis die Streusel goldbraun sind.

TIPP: BEVORZUGT MIT EINER KUGEL VANILLEEIS GENIESSEN. IST ABER AUCH OHNE EIS EIN GENUSS.

Kürbis-Orangen-Pudding mit Lavendelöl

ZUTATEN

700 g Kürbis (Butternut, Piena di Napoli)
Saft von 3 Orangen
30 g Maisstärke
80 g brauner Zucker
5 Tropfen Lavendelöl
Zitronenmelisse für die Garnitur

ZUBEREITUNG

Kürbis schälen, entkernen und in kleine Würfel schneiden. In einem Topf mit dem Saft einer Orange weich dünsten und anschließend fein pürieren. Restlichen Orangensaft mit der Maisstärke glatt rühren. Kürbismus zuckern, Orangensaft-Stärke-Gemisch eingießen und mit einem Schneebesen so lange rühren, bis die Kürbismasse aufkocht und der Pudding zu stocken beginnt. Abschließend Lavendelöl einrühren.

Kürbispudding in die vorbereiteten Schälchen oder Dessertgläser füllen und zugedeckt auskühlen lassen. Mit Zitronenmelisse garniert servieren.

TIPP: DAS LAVENDELÖL KANN AUCH DURCH MINZÖL ERSETZT WERDEN – VORSICHT ABER MIT DER MENGE. DANN MIT MINZE DEKORIEREN.

(Foto: Miguel Dieterich)

(Foto: Miguel Dieterich)

Kürbisbowle

ZUTATEN

1 kg Kürbis (Piena di Napoli, Butternut, Patisson)
100 g Honig
500 ml Weißwein (Riesling, Chardonnay o. Ä.)
20 g frische Zitronenmelisse
500 ml Sekt, trocken

ZUBEREITUNG

Kürbis schälen, entkernen und in circa 1 x 1 cm große Würfel schneiden. Diese mit dem Honig gut verrühren und eine halbe Stunde durchziehen lassen. Den Wein darübergießen und die Zitronenmelisse dazugeben. Zugedeckt 2 Stunden gekühlt stehen lassen. Vor dem Servieren mit Sekt aufgießen.

TIPP: WIRD WEISSER KÜRBIS (PATISSON) VERWENDET, KANN AUCH ROTWEIN FÜR EINE HÜBSCHE ABWECHSLUNG SORGEN.

Kürbis-Honig-Dessert

ZUTATEN

700 g Kürbis (Butternut, Muskat, Piena di Napoli)
125 g Magerquark
80 g Honig
Saft einer halben Limette
125 ml Sahne

TIPP: WER EINEN INTENSIVEN LIMETTENGESCHMACK WÜNSCHT, KANN LIMETTENSCHALEN MIT DEM KÜRBIS DÜNSTEN.

ZUBEREITUNG

Kürbis schälen, entkernen und in kleine Würfel schneiden. In wenig Wasser weich dünsten und anschließend fein pürieren. Quark mit Honig und Limettensaft verrühren. Sahne steif schlagen. Ausgekühltes Kürbispüree unter die Quarkmasse heben. Aufgeschlagene Sahne leicht unterheben. Creme in netten Schälchen anrichten. Nach Wunsch mit Limettenraspeln bestreut servieren.

Kürbismilchreis

ZUTATEN

400 ml Milch
Sternanis
50 g Zucker
Salz
200 g Reis (Rundkorn oder Risotto)
500 g Muskat
Saft einer Orange
Zimt

ZUBEREITUNG

Milch mit Sternanis, Zucker und Salz aufkochen. Reis dazugeben und bei kleiner Hitze unter mehrmaligem Rühren garen lassen.

Inzwischen den Kürbis schälen, entkernen und fein raspeln. Kurz vor Garzeitende zum Milchreis geben. Vor dem Anrichten den Saft der Orange dazugeben, damit der Geschmack noch gut erhalten bleibt. Mit Zimt bestreut servieren.

TIPP: DER KÜRBIS KANN AUCH IN STÜCKEN DAZUGEGEBEN WERDEN, WENN ER BESSER SICHTBAR BLEIBEN SOLL.

(Foto: Miguel Dieterich)

IMPRESSUM

avBUCH im Cadmos Verlag

Gestaltung und Satz: ravenstein2, Verden
Lektorat: Sarah Koller

Coverfoto: Miguel Dieterich
Fotos im Innenteil: Miguel Dieterich

Druck: Westermann Druck, Zwickau

Deutsche Nationalbibliothek – CIP-Einheitsaufnahme
Die Deutsche Nationalbibliothek verzeichnet diese Publikation in der Deutschen Nationalbibliographie; detaillierte bibliografische Daten sind im Internet über http://dnd.ddb.de abrufbar.

Printed in Germany

ISBN: 978-3-8404-3520-1